扶棺谏君——海瑞

○○ 主编 金开诚

○○ 编著 苏义发

吉林出版集团有限责任公司

吉林文史出版社

图书在版编目（CIP）数据

扶棺谏君——海瑞 / 苏义发编著 . 一长春：吉林
出版集团有限责任公司，2011.4（2022.1重印）
ISBN 978-7-5463-5033-2

Ⅰ . ①扶… Ⅱ . ①苏… Ⅲ . ①海瑞（1514～1587）－
生平事迹 Ⅳ . ① K827=48

中国版本图书馆 CIP 数据核字（2011）第 053456 号

扶棺谏君——海瑞

FUGUAN JIANJUN HAIRUI

主编/ 金开诚 编著/苏义发
项目负责/崔博华 责任编辑/崔博华 钟 杉
责任校对/钟 杉 装帧设计/马锦天
出版发行/吉林文史出版社 吉林出版集团有限责任公司
地址/长春市人民大街4646号 邮编/130021
电话/0431-86037503 传真/0431-86037589
印刷/三河市金兆印刷装订有限公司
版次/2011 年 4 月第 1 版 2022 年 1 月第 5 次印刷
开本/650mm×960mm 1/16
印张/9 字数/30千
书号/ISBN 978-7-5463-5033-2
定价/34.80元

前　言

文化是一种社会现象，是人类物质文明和精神文明有机融合的产物；同时又是一种历史现象，是社会的历史沉积。当今世界，随着经济全球化进程的加快，人们也越来越重视本民族的文化。我们只有加强对本民族文化的继承和创新，才能更好地弘扬民族精神，增强民族凝聚力。历史经验告诉我们，任何一个民族要想屹立于世界民族之林，必须具有自尊、自信、自强的民族意识。文化是维系一个民族生存和发展的强大动力。一个民族的存在依赖文化，文化的解体就是一个民族的消亡。

随着我国综合国力的日益强大，广大民众对重塑民族自尊心和自豪感的愿望日益迫切。作为民族大家庭中的一员，将源远流长、博大精深的中国文化继承并传播给广大群众，特别是青年一代，是我们出版人义不容辞的责任。

本套丛书是由吉林文史出版社和吉林出版集团有限责任公司组织国内知名专家学者编写的一套旨在传播中华五千年优秀传统文化，提高全民文化修养的大型知识读本。该书在深入挖掘和整理中华优秀传统文化成果的同时，结合社会发展，注入了时代精神。书中优美生动的文字、简明通俗的语言、图文并茂的形式，把中国文化中的物态文化、制度文化、行为文化、精神文化等知识要点全面展示给读者。点点滴滴的文化知识仿佛颗颗繁星，组成了灿烂辉煌的中国文化的天穹。

希望本书能为弘扬中华五千年优秀传统文化、增强各民族团结、构建社会主义和谐社会尽一份绵薄之力，也坚信我们的中华民族一定能够早日实现伟大复兴！

目录

一、官僚世家，教子有方

公元16世纪的后半叶，正是明王朝由盛转衰的历史时期。内忧外患，各种社会矛盾错综复杂，并且日益尖锐激化。究其根源，在于封建专制的统治集团政治上的腐败、经济上的贪污、生活上的荒淫。他们鱼肉百姓，横征暴敛，民众处于饥寒交迫之中。但在官僚集团内部也有极少数人，他们为官清廉、刚正奉公、爱民如子，一生光明磊落；他们在仕宦生涯中不

畏权贵，伸张正义，生前为世人所崇敬，去世后更为后人所仰慕。明朝嘉靖年间的海瑞，就是这样一位名声显赫的清官。

海瑞出生于正德九年（1514年），死于万历十五年（1587年），字汝贤，号刚峰，回族，据说他取此名号志在终身刚直不阿，"一切以刚为主"，世人称之为刚峰先生。海瑞祖籍福建，南宋时期举家迁到广东番禺，明朝初年又迁到海南岛琼山县居所，后移居海口镇。

海瑞生长在一个封建官僚家庭，祖父

海宽曾任福建省松溪县的知县，有子侄5
人，海澄为进士，官至四川道监察御史，
海澜、海鹏、海迈均是举人。海瑞的父
亲海翰是个廪生，在海瑞4岁那年去世，
留下孤儿寡母。海瑞的母亲谢氏28岁守

寡，依靠祖上十余亩的租田为生，还要替
别人做针线活，过着比较贫苦的生活。

据《海瑞集》下册《与琼乡诸先生书》记

载，海瑞的母亲"苦针裁，营衣食，节费用，督瑞学"。

"督瑞学"说的是教诲海瑞读书。谢氏是封建时代典型的女性，性格坚强，教育培养海瑞很是严格，堪与孟子的母亲相媲美，海瑞从小就受到了良好的家庭教育和文化熏陶。

少年时代的海瑞进入琼山郡学读书，他不但刻苦学习，而且注重修身养性。他在《规士文》中写道："余作小秀才时，不敢在班乱序先行，迎骑于长者，道旁勒马；同席于长者，靠坐隅迁；吩咐唯唯听从，使令中医奔走。夫礼非以尊人，尽吾道尔。不循理非以慢人，自弃其道耳。尊长尚存谦虚，卑幼岂宜倨敖，况兄长之年轮到我身，卑幼如斯,果能堪否?"

海瑞在郡学读书期间,先后成就《严师教戒》《客位告辞》《训诸子说》等严谨求学的文章,抒发了从少立志、胸怀天下、为国为民的胸怀。比如《严师教戒》一文中说:"天以完节付汝,而汝不能以全体将之,亦奚颜以立于天地间?俯首索气,纵其一举而跻己于卿相之列,天下为之奔趋焉,无足齿也。呜呼!瑞有一于此,不如速死!三复斯言,凛若严师叮咛夏楚之督尔上,纷如直友箴规啐詈之诤而旁。"

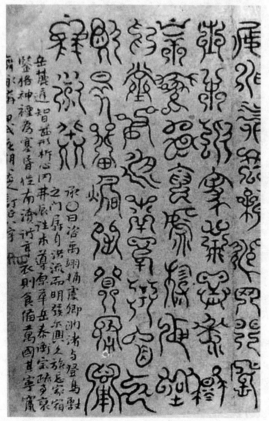

不难看出,海瑞在求学时代,既努力学习知识,又特别讲究伦理道德的修养。根据朱国祯《涌幢小品》卷二《海忠介实录》中的记载:"谢氏志教育,有

戏谑，必严词正色诲之。"

　　海瑞在赶赴京城会试前夕写的《与琼乡诸先生书》中抒发了对母亲的感恩之情："瑞今日稍知礼义，勉自慎伤，若非冲年背父者，尽母谆谆开我也。持家有纪法，教子有义方，律身以正义。"

　　综上所述，海瑞出仕为官之前，在儒家风范的教诲和母亲的严格培养下成长，自身也刻苦自律，这是海瑞后来成为明代"青天"的基础。正如这一句俗话：家贫出孝子，苦难育英才。

二、南平教谕，执著操守

嘉靖二十八年（1549年），海瑞参加乡试，呈上《治黎策》一文。这篇文章富有真知灼见，既涉及海南数万黎族人民切身利益，又关系到明朝对少数民族的统治政策。

长期以来，明朝官员对黎族人民的反抗起义采用武力征剿的策略，比如嘉靖二十年（1501年），征讨感恩县崖州黎民的起义，杀害黎民上万人，捣毁黎民村寨

数百间,造成几千名黎民无家可归。海瑞认为,对待黎族百姓不能征剿镇压,只能疏导管理。他说:"琼去京师万里,当事请裁,或致迟误。设县立所,限其大概;乘机审势,听其便宜。"又陈:"招民、置军、设里、建学、迁创县所、屯田、巡司驿递事并图说。"可惜的是,海瑞的《治黎策》没有引起朝廷的重视。不过,海瑞非凡的管理才能却从此出名。海瑞在这次乡试中中了举人，喜报传到家里，其母谢氏喜出望外，邻居亲友也纷纷表示祝贺。

嘉靖二十九年（1550年）的春天，海瑞满怀着母亲的殷切希望，身揣亲朋好友凑集的几十两白银，以举人的身份踏上了进京会试的路程。海瑞参加京城的会试，除了完成规定文章之外，还将《治黎策》抄送给主考官员。几位主考官公认海瑞文章写得很好，有针对性，是缓解海南黎民反抗朝廷的良策。

黎族人民自古以来繁衍生息于海南岛，是古越人的一支，人口有十余万。在原始社会的氏族公社阶段，特别是在父系氏族时期，由众

多家庭父系血缘关系组成，在头领的组织下，一起做工，团结互助。他们居住在自搭自建的竹楼里，在竹楼下边圈养牛或羊；沿着竹梯而上，到达里边的卧室，有简单的衣食起居的设施，通常在地铺上放两三床粗布被褥。父系血缘维系着的大家庭，多子多女，男子外出打猎，女子采摘野菜，生活困难。男人女人穿着简陋，成年人腰间围绕着一块兽皮。倘若遇见灾荒之年，许多人吃不上饭，只能以野菜、野果充饥。

黎族人民的篝火晚会非常热闹。男女民众在山沟平坝上把野草树枝点燃，围着熊熊燃烧的火堆载歌载舞。女青年们因为没有衣裳穿，只好在腰部围上一圈又一圈的树叶，光着脚翩翩起舞。如果她们发现英俊的小伙子，便

会热情地围观起来，一边歌唱，一边调笑。大胆泼辣的女孩子甚至会把意中人抢回家去。

海瑞16岁那年，应琼山郡学的黎族学友德宏之邀，到海南岛五指山的山寨去游玩，时间长达半月。在这段时间里，海瑞了解黎族人民的风俗习惯，更加理解了黎族同汉族之间的兄弟关系，深切地体察到黎族民众的疾苦，这就是他作《治黎策》的思想渊源。

海瑞认为，朝廷的屡次兴兵弹压，不但没有征服黎民，反而更加激起民众的反抗，使居住在海南的众多汉族人民同时不得安宁。由此，他提出治安政策如下：

首先，要选派得力大员来海南全权负责治理黎民事务，如果没有合适的人员，我海瑞愿担当此任。

其次，在摒弃武力镇压的前提下，要从安定海南社会秩序的目的出发，在黎族集中居住区建立地方县制,尊重黎族人民的信仰和习惯,并给予他们一定的政治地位以及人身自由。

再次,要采取切实有效的措施,消除汉族、黎族人民之间的隔阂,逐渐缓和民族之间的矛盾。

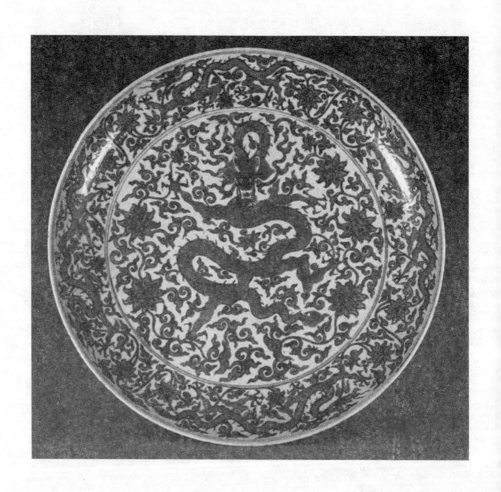

　　其实，各民族之间的矛盾，在封建社会里归根结底与阶级矛盾、阶级斗争有关。在明王朝封建专制的社会制度下，掌握统治权柄的主宰者是不会接受举人出身的海瑞的意见的。况且，当朝天子世宗朱厚熜正忙于斋醮。所谓斋醮，是指皇帝住在西苑，从早到晚拜神求佛的宗教迷信活动。给天神书写信件，叫做"上青词"，祈求天神保佑，健康长寿，永不衰老。由于皇帝专心致志地斋醮，不理朝政，当朝宰相严嵩乘机揽权主政，凡是参加会试的举人都要贿赂千两以上的银子，否则不能成为进士。当然，海瑞没有银子可送，即使有银子，海瑞也不会送，所以他最终会试落榜。与此同时，明朝北疆告急，蒙古酋长俺答率骑兵入侵明朝边界，其势咄咄逼人，扬言攻取北京。在这样的

危机下，海瑞在京师戒严备战的前夕，匆忙起程赶回海南。

三年后，即嘉靖三十二年（1553年）春，海瑞第二次进京参加会试。此时的朝政仍然把持在严嵩父子手中，肆意贪污，横行无忌。世宗朱厚熜更加昏庸无道，会试的结果可想而知，海瑞又不第。但按照明代科举制度，举人会试不第可参加下次"春闱"（举人赴京赶考进士每三年一次，均在阴历三月举行，故又称"春闱"。"闱"是考场的意思）。海瑞实在不愿再次会试了，便听从明代吏部的选调，于同年的春天，被任命为福建南平县的教谕（明代各州、府、县设有儒学，管理本地的学务，县学的正教官，叫教谕，副教官叫训导。）年底，海瑞把母亲由海南海口镇接到南平县居住，从此开始了他的仕宦之途。

南平县地处福建省的中部，比海口镇大多了，生活条件也比较好。但县里的县学管理混乱，上学难、学费很高，而且行贿送礼之风盛行，不少穷苦家庭的孩子念不起书。海瑞走马上任县学教谕伊始，颁布《教约》，雷厉风行地整顿学校规章，坚决反对滥收学生、家长礼物的不正之风；告诫教职人员不许索取非分之财；发布告示，广招学生，对富家子弟与贫困人家的孩子要一视同仁。海瑞言传身教，对送礼者一律拒绝。

还有一次，福建省延平府的官员到南平县学来视察。县学里的官员都在跪迎这些尊贵的上司，而唯有前排一个清瘦

的人，只作揖行礼，与左右两位早已跪倒在地的训导形成了左右低中间高的笔架势态。延平府的官员们大喊：是谁不下跪？哪里来的山字笔架竖在这里？做出这一惊人之举的正是南平县新来的教谕海瑞。后来，人们便称其为"笔架博士"。

此后，还有巡按视察御史到南平县学视察，海瑞仍是作揖而不跪，赢得了"海强项"的赞誉。海瑞主张县学、府学皆是朝廷培育人才的圣地，身为教谕应尊师重教，首先要维护教师和读书人的尊严。县学、府学又是师长"传道、授业、解惑"的殿堂，不应该在这里给外来视察的官员们下跪。

更值得称赞的是，海瑞在南平县担任教谕期间，他非常关爱学子，既能与学生沟通，又能对有困难的学生加以帮助；海瑞主张教学既要"学然后知不足"，又要"教然后知困"。只有这样才能奋发图强，达到教学相长的目标。

海瑞大力倡导伦理道德，亲作《规士文》，强调品德修养的重要意义。特别提出做人行事乃至读书写文章，都要以民

族英雄岳飞、文天祥为榜样，或"精忠报国"，或"留取丹心照汗青"。

南平县学在海瑞的整肃下，只用了三四年的时间，就办得红红火火，远近的学生皆慕名来求学，南平县学为社会培养了众多品学兼优的人才。

海瑞在南平任教谕期间，还写成了《驿传申文》。《驿传申文》对延平府所辖的将乐、沙县、大田、龙溪、永字、顺昌、南平七个县的驿传混乱的现象，提出了必须要整顿的方略，方略中说："为今之计，只当议裁革，不当议官苗当。盖当裁革，苗当国禄行之而验，官当则正统年行之而验，必无利于前不利今日之理。不能裁革，苗当时无染指之患，后无冒破之忧，若差胜矣。然应付不堪，必至逃避……然剥削贪难称过使客，彼此观效，日私日贪。"

这段文字意思是说，百姓深受赋税之
苦，家家贫穷，村落残破，没有安居之所，
必然要流浪逃避他乡。为黎民百姓之生
计，就必须整顿、改革。

《驿传申文》的字里行间，充溢着海
瑞忧世爱民的情怀。然而事与愿违，他的
方略却遭到冷遇，无人问津。

公元1553年—1557年，担任南平县学
教谕的海瑞，坚持兴学育人的方针，经义
治事，济世爱民，以身作则，不为俗习所
染，赢得了海南道巡按监司等
正直官僚的赏识，多次向朝廷
推荐海瑞。海瑞遂由南平县学
教谕升迁为浮安知县。

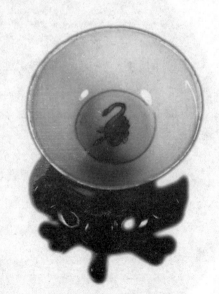

三、淳安知县，刚毅不阿

　　嘉靖三十七年五月（1558年6月），海瑞上任浙江省严州府淳安县知县，由主管南平县兴学教育转换为负责淳安县全县政要的岗位，进一步施展自己的抱负和才干。

　　海瑞施展自己的政治抱负也是顺应了时代的要求。明朝中叶以后，地主、乡绅、官僚大肆侵占兼并土地，极少数统治者与广大贫苦农民占有的土地极度不

平衡。在淳安，"富豪享三四百亩之产，而户无分厘之税；贫者产无一粒之收，虚出百十亩税差，不均之事，莫甚于此"。(《海瑞集》上册《兴革条例》)地主、乡绅、官僚相互勾结玩弄"诡寄"的把戏（故意将自家的田产寄于他户），还有"飞洒"（将田赋转加给他户）；擅自挪移界址和篡改册籍，弄虚作假，进而二赋一徭役的负担都转嫁到了劳动人民身上，既造成赋税畸轻畸重，又迫使贫困农民背井离乡。

嘉靖、万历年间，有所作为的重臣，如以徐阶、张居正为代表的高官，亲身感受到了当时社会的严重弊端，发现财政危机已造成了政治上的混乱。出于维护封建统治阶级的利益的目的，他们采取了以肃正吏治与变革财政为主要内容的几项措施，但收效甚微。海瑞适应这股改革的潮流，在淳安县大胆而有见效地进行了改革。

　　淳安县属于新安江下游，是水上陆地交通的枢纽，多有朝廷官员往来，凡是经过淳安县的，均由县衙"接风"和"洗尘"，少则二三十两银子，多则上百两。如遇巡盐御史或巡按御史等督察官员（两者都是朝廷负责纠察弹劾的高级官员，由明朝都察院指派），要花费的银子更是在一二百两之间。巡抚来淳安视察（巡抚比总督低一级的地方高官，负责一省的政治、军事，亦称抚台都堂）则要三四百两银子。这些官吏坐船支应的船夫，走陆路支应的马匹夫役，均由淳安县承担。

　　常言道："新官上任三把火。"海瑞来淳安之后，实实在在地烧了"三把

火"。

第一把火，重新丈量土地、山林，挨家逐户征收田赋税役。与此同时，鼓励农民开辟荒田、山林，发展农业生产和山林木业。向贫穷的农民借贷耕牛和良种，并决定三年内不征田赋和役税。外逃他乡异地的百姓闻讯后纷纷返回了淳安。

第二把火，坚决遏制歪风邪气，整顿淳安县衙纲纪。首先，取缔了知县向来淳安出巡的巡盐御史、巡按御史、巡抚等官员赠送银两的陈规陋习；其次是严令禁止地方官吏索敛民财及携带金银赴京朝觐；再次是所有使臣、来往官僚过客车船脚力的必要支出，不许由百姓来赔垫。

有一次，浙闽总督胡宗宪（总督是地方的最高长官，辖一省或二三省）的公子经过淳安，作威作福，嫌驿站（明朝各地传递文书的公馆）负责接待的冯驿丞和知县助手陈典史的供应不周到，马匹也不称他的心，大发脾气，喝令手下人把冯驿丞捆了，倒挂在树上。驿站的人慌了，跑到县衙要办法，海瑞说："不慌，我自有主张。"他带人走到驿站，一大堆人在围着看热闹。鲜衣华服的胡公子还在指手划脚骂人，一看海瑞来，正要分说。海瑞不理会，径自驿站去，一看胡公子带的大小箱子几十个，都贴着总督衙门封条，就有了主意。海瑞立刻变了脸色，叫人把箱子打开，箱子都沉甸甸的，装着好几千两银子。海瑞对着众人说："这棍徒真可恶，竟敢假冒总督家里人，败坏总督官名！上次总督出来巡查时，再三布告，叫地方不要铺张，不要浪费。你们看这棍徒带着这么多行李，这么多银子，怎么会是胡总督的儿子，一定是假冒的，要

严办！"说罢就把几千两银子都充了公，交给国库，写一封信把情由说了，连人带行李一并交送胡宗宪。胡宗宪看了，气得说不出话，但怕事情闹大，自己理屈，只好算了，不敢声张。

海瑞大胆机智地惩治胡家父子的消息不胫而走，从驿站传到县城，从淳安传到浙江，再从浙江传遍东南沿海，官僚贵族既恨海瑞又惧怕海瑞。正直的官员和人民群众则敬佩海瑞，内心充满对海瑞的信任。

嘉靖四十年（1561年），钦差大臣（由皇帝直接指派出京，代表皇帝查办重要政务的官员）鄢懋卿以总理浙东、浙西、淮南、淮北、长芦、河东盐政为由，搜刮民脂民膏。鄢懋卿时任都察院左副都御史，加上钦差大臣的头衔，又有大奸臣严嵩的靠山，一路上大讲排场，还向扬州知府索要上百万两银子，知府只得层层摊派催征。扬州内人人怨声载道，有的百姓被逼无奈，变卖田产房屋，甚至出现了卖儿卖女的惨剧。

鄢懋卿出巡走水路时前后有大船三十艘，携夫人秦氏大显威风。他在陆路巡查时乘坐二十四抬大轿，前呼后拥，供其役使的有数百人。他的夫人秦氏乘坐的是五彩搭的花轿，用十二个女子抬轿。每经过州府或县衙，地方各级长官都要跪着迎来送往。吃饭要有山珍海味，所住之处要张灯结彩。仅在扬州一地一顿用餐就耗皇银上千两。鄢懋卿生活十分奢侈，就连厕所都必须用锦缎做成围垫，使用银匠打制的白银便壶。

按照惯例，钦差大臣、监察要员、地方长官到地方视察都要发布安民告示，说明来意，并强调地方衙门应该力戒铺张浪

费,务必关心民情,一定要注意勤俭节约。鄢懋卿此次路过淳安也不例外,安民告示照发不误。

海瑞得知钦差大人鄢懋卿要来淳安的消息后,密令家人海安了解鄢懋卿的行踪,更要掌握他利用职权,收受贿赂,卖官枉法等罪证。除此之外,海瑞还细心研究了所谓的安民告示,准备以其人之道还治其人之身。等到鄢懋卿威风凛凛地进入淳安地界的时候,海瑞率领县丞、典史、教谕等官员出迎四十里,跟随的、看热闹的民众多达一千余人。海瑞等官民来到太平桥边,抬头望见江面上三十艘大船扬帆鼓浪而来,最前面的大船旗帜迎风招展,上绣大字:"钦差总巡八省盐政都察院左都御史。"官船靠近江岸,落下船帆后,海瑞等文武

官员迎接上去，海瑞问候道："大人此次出巡，发布告示：'凡饮食供应，都要俭朴，不要过分奢侈，浪费人民钱财。'大人真是廉正无私、为国为民啊。"

鄢大人听了这话，非常受用，随口回答："现在民穷财尽，宽一分，人民就得一分好处，一定要体恤民情。"

海瑞马上接着他说："但是，您奉命南下以后，各处都办酒席，每席要花三四百两银子，平常伙食也都是山禽野味等不易弄到的东西；供应极为华丽，连便

壶都用银子做。这种排场，和您颁布的布
告可是大大相反啊！"

彼此之间的对话尖锐起来，码头上
的空气似乎骤然紧张了。鄢懋卿的幕僚
汤星槎害怕海瑞再揭老底，用威胁的口
吻喊道："海瑞，你胆敢诽谤钦差！你有
什么证据证明钦差大人贪赃受贿？难道
你不知道尚方宝剑的厉害和朝廷的王法

吗？！"

海瑞反驳："不知道王法的不是我海瑞，而是你们。看一看这三十条大船吃水线有多深，装载的不是贪污索贿的金银又是什么？"

亲眼见识了海瑞的刚直不阿，鄢钦差才发现海瑞确实是天不怕、地不怕、官也不怕的"海疯子"，后悔轻视了他，也后悔不该路过淳安，但事已至此，只好把口气缓和下来："本钦差念你是心直口快之人，你诽谤我，我也不与你计较，也不加罪于你。皇上、严相都信任我一贯清廉从政，如今围观之人越来越多，你还是接我进城为好。"

海瑞却用坚定的语气说："钦差大人，这三十条大船所载何物？您是否允许我登船开舱相验，以证明大人的清白之身？至于进驻县城一事，淳安城小，百姓正忙农活，恐怕不方便吧。"

鄢懋卿这才如梦方醒,原来海瑞出郊四十里迎接自己,是为不让他进入淳安县城!再这样僵持下去,闹得沸沸扬扬,对自己一点好处也没有,还是早早离开为妙。于是,他责令汤星槎调转船头驶离太平桥。此后,"江岸上的百姓欢呼雀跃,拍手称快"。有一位百姓作歌唱道:

钦差逢到海刚峰，尚方宝剑也没用。

正是正来邪是邪，邪不压正一场空。

淳安有了好知县，不受涂炭乐无穷。

海瑞在淳安知县上任烧的第三把火，也是他深得民心的一大政绩。在此之后。海瑞为当地百姓伸张正义，解决了几件冤假错案，被百姓赞誉为"海青天"。

淳安县有一个村民叫胡胜荣，其兄胡胜祖，因与同村的邵时重多年争夺一块山地而发生纠纷。不久，胡胜祖因病身亡，胡胜荣由此对邵时重产生怨恨，暗同弟弟胡胜佑和外甥制造假象，把红色的脂粉涂在胡胜祖尸体的头部，显现血色的伤痕，向原淳安知县告状，说邵时重杀人害命。原知县派人查验死尸，认定头部血痕系被人击伤致命，判定邵时重为杀人犯，待秋

后行刑。邵时重的家人多次喊冤叫屈，始终没有结果。

海瑞出任淳安知县后，邵家鸣鼓申冤，递上昭雪的状纸。海瑞和仵作（中国古代官府中检验命案死尸的人）开棺验尸，发现胡胜祖头部血痕仍然鲜红，经轻轻擦拭，没有伤迹，判断胡胜荣、胡胜佑等人诬告陷害的罪名成立。邵时重被平反洗冤后，海瑞善断冤假错案的名声远近闻名，百姓有疑难案件都请海瑞参加审理。

海瑞在淳安的另一项被人称颂的政绩，就是重视刑狱，办案注重调查研究。

因为他断了许多冤案，在严州府属县颇负青天之名。因此，严州府各县遇有疑难案件，也移到淳安县处理。如《吴吉祥人命参语》所记录的，就是建德县吴吉祥在义父吴湘家中做工，堂叔吴澜上山偷砍木柴，和吴吉祥互相扯打，吴吉祥用木棍将吴澜打死。建德知县问了吴吉祥斩首罪，但甲首吴拱翠因与吴湘有隙，就买通吴吉祥，一口咬定是吴湘让吴吉

祥打死吴澜的，推官复审时，拟改判吴湘犯"主使人殴打"罪，处绞刑。海瑞受严州府之委托办理此案时，对吴吉祥先认罪后翻供的情况表示怀疑，便从吴拱翠和吴湘之间的矛盾入手，进行了认真的分析和调查研究，断定吴澜系吴吉祥打死，与吴湘无关，吴吉祥被问以斩罪，案情大白。

广为民众流传的《徐继人命案参语》，详细记录了海瑞破解大案要案的过程。桐庐县县民徐继的妹妹嫁给戴五孙，从此徐戴两家结成亲家。但戴五孙好吃

懒做，生活拮据，便向徐母借钱，徐继替母亲多次向戴五孙索要未果。有一天，徐继在戴家门前遇到戴五孙，两人因借钱、还钱的话题争吵起来，徐继愤怒至极，遂用石块打死戴五孙，然后把尸体抛入河水之中。恰在这一天，吏员潘天麟因公出差投宿在戴家。此件命案原由桐庐县审判，认定是戴妻徐氏与投宿戴家的吏员潘天麒通奸合谋杀死戴五孙，拟将徐氏凌迟（中国古代一种极其残酷的刑法，分割犯人的肢体），潘天麒被处斩。上报杭州府复审则判潘天麟与戴五孙斗殴杀人，拟将此人处以绞刑。京城的大理寺责成桐庐县、建德县、遂安县三县会审，仍无定论，久拖不决。巡按御史崔栋决定把此案移交淳安县复审。这桩历时十余年，几经波折的命案，通过海瑞悉心调查，实地勘察，寻找人证、物证，最终尘埃落定，即杀人凶犯是徐继，案情由戴五孙借钱不还所引发；徐氏和潘天麒是被冤枉的，立即释放出狱。海瑞断案如神的清官形象，在人民的心目中更加高大起来。

应当指出：《吴吉祥人命参语》《徐继人命参语》《邵守愚人命参语》《胡胜荣人命参语》《吴万人命语》等是海瑞办案的记录，充分说明海瑞办案重在调查研究，注重真凭实据，凡有关人命的案件，海瑞从不疏忽。

前面提到的"参语"，后来为戏曲艺术工作者、小说家改编和渲染，创作成《大红袍》《小红袍》《生死牌》《五彩舆》等文艺作品，均以海瑞办案为题材写就，成为我们艺术世界之中的宝贵文化财富。

综上所述，海瑞在淳安知县任上烧的"三把火"，即在经济上发展生产、政治上整顿吏治、

法律上决断冤狱，取得了骄人的政绩，为时人所赞赏，为后人所敬仰。但是，海瑞得罪了高官权贵，损害了他们的贪污受贿的私利，特别是胡宗宪、鄢懋卿等奸臣赃官更对海瑞怀恨在心，寻找时机施行打击报复的手段。当朝廷已拟定升调嘉兴通判的海瑞（通判为官居知府的副职），还没上任，就遭到鄢懋卿指使下的巡盐御史袁淳的"揭发检举"，即借口升调的公文手续不符合规定，遂向朝廷告发，把海瑞从浙江省调到江西省，由原来的晋升改为降职，任兴国县的知县。

其实，这是巡盐御史袁淳等人对海瑞的打击报复。袁淳巡查淳安时，海瑞没有远迎远送，接待仪式也很平常，更谈不上什么赠银送礼了。袁淳此举，既迎合了鄢懋卿的小人之心，又达到了报私仇的目的，真可说得上一举两得。

顺便说明一下，遭贬的官员不仅是海瑞一人，还有慈溪知县霍玉瑕。霍玉

瑕是曾任尚书之职霍韬的儿子，也因仗义
执言、不趋炎附势而遭都御史鄢懋卿、巡
盐御史袁淳的弹劾后被贬官，这进一步
证明了明朝嘉靖时期吏治的严重腐败。

四、兴国八议，一表衷肠

嘉靖四十一年（1562年），海瑞到江西省兴国县任知县。参照《海瑞集》上册的《招抚逃民告示》等材料，可以看出当时的兴国县已有大批贫苦农民逃亡到县城二十里外的地方，"寥寥星屋，不及十余家"。人丁凋落，村里萧条的景象令人触目神伤。海瑞明察暗访，迅速找到问题的症结，归纳起来有以下三个原因：

一是明初的屯田制度被破坏。

明朝初年,兴国县有一大部分农田是军队的屯田,这是灭元兴明、休养生息,达到民有食、兵有粮的行之有效的一种制度。到了明朝中叶,军队侵占了与屯田相毗邻的民田,叫做"余田",多达六百多亩,农民丧失了自己辛苦经营的熟田,又无处诉怨,不得已逃亡异乡。

二是冗官乱政和赋役太重。

冗官,主要指的是兴国县的隘长。兴国设有许多隘所,负责要冲之地的治安保卫;隘所里的负责人称作隘长。问题出在隘长的人选身上,他们大多数不称职,以致隘所"不能诘奸缉盗,专一吓骗商民""一有警闻,便逃之夭夭"。因此,人们主张废除隘所。海瑞经过一番调查分析，认为隘所不应废除，因为隘所的设立是必要的，治安、防盗、护民的作用不能忽视。问题出在地点的设立和隘长的人选上，只要真正选择建立交通要地以及重新选派隘长，就能彻底解决问题。

冗官还可特指一些奸狡之吏。他们不安其分，不尽其责，还享有一官之禄。对此类官吏，海瑞主张一律裁撤。

海瑞对兴国县历年派征的粮食进行数字统计，认为农民大量外逃，造成早已开垦的田地片片荒芜；而熟地沃土又被军屯所占，逼迫丧失土地的农民举家逃亡，四处流浪，形成了恶性循环。

依据兴国县历年派征纳粮数字，可作如下

统计分析：自嘉靖三十年（1550年）至嘉靖三十五年（1556年）间，每年派征粮银为8300万两；嘉靖三十九年（1560年）后逐年增加；海瑞1562年到任兴国知县，朝廷向兴国县派征粮银总数为13200石，每年每石折银数猛增。又据《均徭册式》（《海瑞集》上册）所云："当时，钱粮正供有额，独均徭官为私，时有增益。"由此可见，繁重的赋税、徭役是兴国县农民外逃的根本原因。

面对上述严重问题，地方官员和朝廷官僚视而不见，听而不闻，仍然过着穷奢极欲的生活，而兴国县的百姓则处在水深火热之中。

解除贫民百姓的疾苦，当务之急就是改革政务。于是，海瑞提出闻名于世

的《兴国八议》，即"一议屯田""二议
地利""三议隘所""四议均赋役""五
议红站马船""六议招抚逃民""七议哨
官""八议冗员"。

以上八个方面的改革方案，上报江西
巡抚和朝廷，海瑞强烈请求上司，特别是
主管民政事务的布政史
速来兴国县体察实情，
全面调查兴国县以及
其他各县的丁粮派征
的虚与实，重新调整派
征粮银数据，重新公平
合情合理地分配田赋、
徭役指额。

海瑞坚决主张还田
于农，在重新丈量军队
屯田的基础上，把军队
不断侵占的"余田"如
数归还给农民。在"六
议招抚逃民"之策中，

海瑞广泛宣传"此有余有""彼有余民"的招抚政策，即呼吁居住在人口密集的江西地区的农民，迁移兴国开荒种地，共同发展农业生产。

《兴国八议》的改革方案，在海瑞的倡导下施行一年多，核清了军田、"余田"和农田，裁减了冗官、冗员，减轻了人民群众的负担，收到了抚境安民的实际效果。

其后，海瑞又率先在兴国县推行"一条鞭法"。"一条鞭法"是明朝首辅张居正进行经济改革中的重要内容："总括一县之赋役，量地计丁，一概征银，官为分解，雇役应付。"

海瑞坚决贯彻"一条鞭法"，改变以前赋、役分别征派的办法，把兴国县的赋税和徭役中的各种项目统一编派，汇总为一项征收。

从"兴国八议"到"一条鞭法"的实施，不仅相对减轻人民的负担，而且使一部分人摆脱了劳役的束缚。还有，赋役一概采取征银之法，在某种程度上促进了商品经济的发展。所以说，海瑞在兴国的改革措施是符合历史发展要求的。

五、忠言逆耳，直谏招狱

嘉靖四十三年（1564年），海瑞告别了他改革兴利的江西兴国县（任知县计有一年半），被朝廷调入京城任户部主事。

户部主事在明朝户部衙门里只是六品官阶，但主管的却是银两财务。他很快发现，近半年来银两耗费过大，损失浪费的银两至少占钱粮总收入的十分之三，这使他忧心忡忡。

他发现，户部衙门里的人际关系非常

紧张，官员之间谨小慎微，每当涉及朝廷政务，个个缄默不语。有一天，海瑞与户部间务（官居九品）何以尚交谈朝中最近出现的事情。因为何以尚是海瑞的下属，又是钦佩海瑞人品的知心朋友，因此两人过从甚密。海瑞从交谈中得知，兵部员外郎杨继盛上疏（封建时代臣下向皇帝陈述事情的报告叫"疏"）嘉靖皇帝，揭发检举大奸臣严嵩的罪行而被嘉靖皇帝降旨斩首。杨继盛在临刑前留有一首诀别诗：

　　浩气还太虚，丹心照万古。

生前未了事，留于后人补。

海瑞对杨继盛因直言上谏而遭杀害之事既愤愤不平，又颇有感慨，尤其是"留于后人补"一句诗，深深地打动了海瑞的心。

嘉靖年间，许多地方大兴土木，修建庙宇寺院。此风源自当朝皇帝，嘉靖皇帝崇尚迷信，不理朝政，住在西苑，整天拜神作斋醮，上青词。宰相严嵩、徐阶都写过青词，以讨皇帝的欢心，并使自己获得皇帝的宠信。皇帝痴迷求神求仙，势必修庙建坛，耗费的银两令人吃惊。有些官员除了忙于大规模修建庙坛之外，还忙于采摘灵芝仙草，进贡白鹿或白兔。更有甚者，皇帝派大臣去崂山、武当山等地去寻找神仙，把一批道士请进皇宫。宫中的房屋梁柱上，贴满了各式各样的符咒。在精雕细刻的御花园里，竟然搭建起炼丹炉，

火焰、烟灰、黑浪弥漫花园上空，使人神魂迷乱。从崂山请来的道士王道陵，像变魔术似的从自身道袍袖管里掏出一只桃子，敬献给皇帝说："这是天赐蟠桃，以为祝寿，莫大祥瑞，万岁爷吃下会长生不老。"

太监黄锦，亲眼目睹嘉靖皇帝日渐昏庸，心中焦急，但又不敢谏言，只好把肺腑之言向海瑞诉说。

众所周知，在封建专制时代，皇帝有至高无尚的权力，皇权是神圣不可侵犯的，连皇帝的名字都要避讳，一个字不幸成为"御讳"就得缺笔而成为残缺不全的字。比如宋太祖赵匡胤的胤字，为了避讳，只得少写一笔。至于上疏批评皇帝，那绝对等于犯上作乱，冒犯龙颜，是极其少见的事。

嘉靖四十五年（1566年）的二月，海瑞冒天下之大不韪，向皇帝奏上《治安疏》，亦即著名的《直言天下第一事疏》，达3600多字，主要内容如下：

臣闻君者，天下臣民万物之主也，其任至重。欲称其任，亦惟以责寄臣工，使尽言而已。臣请披沥肝胆，为陛下陈之。

昔汉文帝，贤主也，贾谊犹痛哭流涕而言。非苛责也，而文章性仁而近柔，虽有及民之美，将不免于怠废，此谊所大虑也。陛下天姿英断，过汉文远甚。然文帝能充其仁恕之性，节用爱人，使天下贯朽粟陈，几至刑措。陛下则锐精未久，忘念牵之而去，反刚明之质而误用之。至谓遐举可得，一意修真，竭民脂膏，滥兴土木。二十余年不视朝，法幻

弛矣。数年推广事例，名器滥矣。二王不相见，人以为薄于父子。以猜疑诽谤辱臣下，人以为薄于君臣。乐西苑而不返，人以为薄于夫妇。吏贪官横，民不聊生，水旱无时，盗贼滋炽。陛下试思今日天下，为何如乎？

头段文字是海瑞向皇帝表明倾吐心里话的思想动机。国君为天下臣民万物之主，责任非常重大；督责大家畅所欲言，也是国君的职责之一；我——海瑞，请求披肝沥胆，吐露真言了。

第二段文字是以汉文帝为典范，相比之下，则嘉靖皇帝远不如汉文帝。西汉文帝执行减轻租役的政策，免收全国赋税十二年，促进社会生产发展，国家开始走向富强。可是，嘉靖皇帝你呀，二十多年不理朝政，大兴土木，修道求仙，滥派官职给人；跟两个儿子不见面，猜疑杀害大臣，尽在西苑不回宫；吏贪将弱，农民暴动，天下危机四伏，你与汉文帝相比差远了。

　　海瑞上疏的第三段落大意是：最近罢黜严嵩相职，其子世蕃被处极刑，一时人心稍觉快活。然而，当今政治并不清明，大臣不敢直言陛下已经很久了。古代人君有过失，都要依靠群臣百官匡救辅

弱。今天陛下只是会集僧道修斋，焚香行礼，词臣礼官只会一味上书颂扬。陛下的错误行为和诸臣的错误顺从，怎么能保证政治清明呢？一味奉承谄媚皇上太过分了。不过，当您的面极尽恭维，背后却有议论，难道这不是欺君之罪吗？

海瑞上疏的第四段文字是这样的：

夫天下者，陛下之家。
人未有不顾其家者，由外臣
工皆所以奠陛下之家而盘
石之者也。一意修真，是陛
下之心惑；过于苛断，是陛
下之情偏。而谓陛下不顾其
家，人情乎？……《记》曰：
"上人疑则百姓惑，下难知
则君长劳。"此之谓也。

《记》指的《礼记》，
"上人"指嘉靖皇帝——
您猜疑人，百姓必然迷惑、
惶恐。

海瑞上疏的第五段文字是对皇帝的
尖锐批评："您犯的错误很多，天下的人
不满意您已经很久了，内外大小官员谁都
知道您自以为是，拒绝批评，您的错误很
严重。您一心想成仙得道，长生不老。对
比唐尧、虞舜、夏禹、成汤、周文王、周
武王这些上古时代的贤君名主，圣功昌

盛，并没有长命百岁，生存世间；世代依次更替到后代，也没见到世俗之外的人自汉代、唐代、宋代直到今天生存下来。您的老师陶仲文，教给您方术，如何寻求长生不死，可是他几年前已经死掉了，他都不能长生不死，您怎么还幻想长生永存呢？至于上天恩赐于您的仙桃、药丸，那就更奇怪了，仙桃、药丸究竟是怎么来的呢？是上天亲自用手拿给您的吗？过去宋真宗在乾佑山获得天书，当时孙奭规劝说："上天如何会讲人话呢？哪里有什么天书。"您应该知道，桃子是从桃树上采摘下来的，药丸是经过各种加工配制而成的，今天无缘无故获得了桃和药，难道是这两物有脚有腿地走到面前的吗？ 这是陛下左右那些邪恶不忠的人，特别是崂山道士制造荒诞的言论欺骗蒙蔽您啊！而您误信了，这是您犯下的过错。

海瑞上疏的第五段文字重在陈述皇帝在用人问题上所犯的错误。他写道："陛下又将谓悬刑赏以督责臣下，则分理有人，天下无不可治，而修真为无害已乎？太甲曰'有言逆于汝心，必求诸道；有言逊于汝志，必求诸非道。'用人而必欲其唯言莫违，此陛下之计左也。"

显然，海瑞引用商代主君王太甲的话：有人说话不顺从您的心意的时候，您必须探索道理；有人说话恭敬顺从您的志向，您必须探索非议的理由。而您的用人原则就是要求他完全服从，这是您用人计谋不当之处。严嵩他有一点不顺从您的心意吗？过

去他曾对您附首听命，今天他却成为扰乱朝纲的罪魁祸首。再说梁材，他曾是镇守浙江、广州等地的官员，您认定他是不顺从您的逆者，可是他治理地方有功，声望很高，官至户部尚书，仍为诸多官民赞扬。问题是，许多官员宁愿做严嵩式的顺从您心意的人，而不愿做梁材式的违逆您心意的人，难道不是看您的脸色行事，想方设法迎合您的心愿吗？这样下去，对您一点好处也没有。

海瑞上疏的最后部分是向皇帝提出几点建议：一是要立即醒悟过来，每天上朝，与诸臣商讨国计民生；二是改掉以前的错误，为人民百姓谋福祉；三是着重处理目前存在的君道不正，臣职不明的问

题，这是摆在您面前的头等大事。

提出上述要求之后，海瑞表明自己的
一片忠心：

释此不为，而切切于轻举度世，敝精劳
神，以求之于系风捕影，茫然不可知之域，
臣见劳苦终身，而终于无所成也。今大臣持
禄而好谀，小臣畏罪而结舌，臣不胜愤恨，
是以冒死，愿尽区区，惟陛下垂听焉。

海瑞写就《治安疏》前前后后花费了
一个月的时间，在充分搜集资料的同时，
还拜访了几位有正义感的朝廷大臣，几
易其稿，最终形成了历
史上的经典传世之作。
据有关史书记载，《治
安疏》成就之时，海瑞
反复阅读，读到最后部
分手总是颤抖，因为他
知道，一旦奏章呈递上
去，一定会招来杀身之
祸。自己的性命倒无所

谓，可是养育自己的母亲谢氏、妻子王氏、还有儿子都会受到株连。"人生自古谁无死，留取丹心照汗青"。海瑞下定决心后，便给母亲留下一封信（实际上是诀别遗言），恳请老人家原谅儿子忠孝不能两全，儿子我自小到大饱受您精忠报国的教诲，今天，真正到了兑现诺言的时刻。假如我因为上疏而死，那只有麻烦您老人家带儿媳、孙子回老家隐居。海瑞是位善待他人的清官，他早把仆人、差役遣散故里。海瑞盘查自己的行囊，有银子二十余两，便到临街棺材铺，请木匠师傅量好尺寸，尽快打造一口棺木，以备后事。

《治安疏》是在一次早朝上由海瑞自己呈献给嘉靖皇帝的，由于奏折洋洋洒洒三千六百余字，皇帝当时没来得及看，便命宰相徐阶拿到寝宫后再看奏章。

嘉靖皇帝是17岁时正式登上皇帝宝座，经历41个春秋，这一年（1566年）已58岁了，再加上平时服用崂山道士从炼丹炉里烧制的药丸，他的眼睛昏花了，看不清楚文字，只了由徐阶代读。

嘉靖皇帝听那奏章中的言语，从一开始就不顺耳，之后越听越怒火中烧，尤其听到最刺耳的一段话："陛下花了许多钱，用在宗教迷信上，而且一天比一天多，弄得老百姓的生活困苦不堪，这十几年来更是越来越过分。天下百姓就取陛

下改元的年号的字音,说嘉靖皆净,家家
穷得干干净净,没有钱用。"他恼羞成怒
地喊道:"大逆不道,简直是可恨至极,
这不是反了吗?先帝爷也没有这样骂过
朕啊!"

"快!赶快捉拿海瑞,决不能让他逃
跑!"嘉靖皇帝对左右的侍臣说。

太监黄锦在一旁说:"万岁爷息怒。
奴才闻听这个人素来狂乱妄为,此次上
疏的时候,自己知道冒犯皇上必当死罪,
事先诀别了母亲和妻子,也买下棺材,家

中的僮仆也都离散，只等待朝廷问罪，看来他是不会逃跑的。"

皇上沉默不语，过了片刻又让徐阶阅读海瑞的奏章，长叹了几声，并把奏章留在龙案之上，沉思起来。

"我数十年寻求长生不死，而这个海瑞却不怕死，还买好了棺材等死，真是匪夷所思！"过了好久，皇上在宫女的搀扶下喝了一碗参汤后又自言自语道："朕为天子，竟然挨了他的骂，大失颜面，这

口气非出不可。"第二天，他降旨捉拿海瑞，并派锦衣卫逮捕海瑞。

在海瑞被捕入狱的第四天，海瑞的莫逆之交，也是他的属下何以尚闯进皇宫外，猛敲臣子请求皇帝上朝的景阳钟，呈上替海瑞鸣冤叫屈的奏章，诚请释放忠臣海瑞。嘉靖皇帝当即命令锦衣卫将何以尚重打四十板（另一说杖打一百），遂后关进监狱，同海瑞一起坐牢。

海瑞另一位好友王宏海，受海瑞委托，把海瑞预先写好的诀别信秘密地传送到海南的琼山，海瑞的母亲和妻子王氏因北方寒冷，早在《治安疏》上呈之前已离开了京城，回到故乡居住。

余怒未消的嘉靖皇帝要把海瑞处斩，责令刑部

草拟处死海瑞的奏章，奏章辗转到宰相徐阶手中，被徐阶有意搁置起来，没有及时呈上御批。

或许是苍天有眼，也可能是海瑞命大，恰在徐阶搁置刑部拟斩海瑞奏章的当口，皇帝病倒了，因为吃丹药，毒性发作，卧床不起直至驾崩。

据有关明史资料记述，嘉靖皇帝驾崩

前说过这样的话："海瑞这个人可与殷纣王时的比干相比拟，但朕不是殷纣王罢了。"恰逢皇上病入膏肓之际，急召宰相徐阶等近臣商议帝王内禅问题，皇上还说过自相矛盾的话："海瑞奏章所言之书，现在想起来是正确的。如今朕病成这样，哪里能临朝议事听政……唉！朕没能谨慎珍惜，才招致如此疾病，倘使朕能从西苑别宫便殿出去，返回大内，难道不等于接受海瑞的辱骂了吗？"

嘉靖驾崩，太子朱载垕继位，改元隆庆。徐阶、张居正等元老、大臣，借用嘉靖皇帝遗诏的名义，斩首了骗君、祸国、殃民的道士王道陵等多人。新皇继位，登基大典之际常有大赦，海瑞、何以尚被释放出狱，官复原职。

海瑞从治安上疏到买棺谏君，再从身陷诏狱到释放复官，九死一生，历经坎坷，彰显了他刚直不阿的本色。海瑞骂皇帝，这在中国古代社会里是少见的，也是他一生中闪光的一笔，这一笔，既闪现了他的慷慨人生，更激励了他在明朝中后期的仕宦生涯中，不畏权贵、不畏艰险的斗志。

六、获释复官，应天巡抚

大难不死的海瑞，出狱之后在徐阶等一些文臣的推举下，改任为兵部武司主事。隆庆元年（1567年）初，擢尚书宝司（替皇帝保管玉玺的要职），稍后又调任大理寺寺丞（负责管理大案要案或平反冤狱的主要负责人）。

海瑞在任大理寺寺丞期间，接手了一件弹劾案，御史齐康弹劾内阁首辅、大学士徐阶，开列罪过如下：

其一，徐阶为讨好嘉靖皇帝，一味逢迎了嘉靖皇帝错误的行为，特别是皇上追求长生不死而作斋醮的时候，同奸臣严嵩一起写青词，阿谀谄媚，助长了歪风邪气。

其二，身为内阁首辅，主持朝廷政务，没有起到扶持朝政、发展生产、安民抚贫的作用，反而迁就皇上大兴土木，建造庙宇、神坛，劳民伤财，财政浪费受损过大。

其三，徐阶有两个儿子，依仗权势，在乡里横行霸道，抢夺民田，这都与徐阶的纵容有关。

海瑞认为："徐阶事奉先帝，没能阻止先帝迷信神仙、大兴土木，畏惧退缩而保全官位，的确也是有的。然而自他主政以来，为国事忧虑而勤劳，气量大能够宽容人。而齐康作为御史却当鹰犬，攻击陷害好人，其罪又超过了高拱。"

高拱，官居吏部尚书，文渊阁大学士衔，兼太子太傅（太子的老师）。嘉靖皇帝病重卧床时，他没尽守候之责；也没有劝阻皇帝寻道求仙的错误之举。隆庆元年，徐阶、高拱、郭朴三人组成内阁，徐阶为内阁首辅。不久，因政见不一，高拱、郭朴两人联合，指使他人上疏弹劾徐阶。

公允地讲,海瑞对徐阶的评价是客观、公正的。论年龄,徐阶比海瑞大一旬;论资历,徐阶官居首辅,进士出身,大学士,是明代改革家张居正的恩师;论恩情,徐阶不仅是海瑞的救命恩人,而且是保举海瑞升官的带头人。可是,海瑞却出于公心,不徇私情,对徐阶的是非功过进行了令人折服的分析。

御史齐康的上疏,确实与高拱等人的唆使有关。不明真象的明穆宗阅后,难作决断。后经查实,徐阶的两个儿子抢夺民田等横行确有其事,不过已隔数年,况且

徐阶也曾对两个儿子进行了训斥。后来,经大理寺、吏部的查证,御史齐康的上疏乃是为高拱攻击徐阶而张目,御史齐康遂被贬官。

从隆庆元年(1567年)的冬季到隆庆三年

（1569年）的夏天之间，海瑞历官两京通政使司左、右通政。遂后，又升任都察院右佥都御史，总理粮储提督军务，兼巡抚应天等十府，治所在苏州。

海瑞的威望震撼朝野，每当他到某一省城或某一州、府、巡视的消息传出来，当地的贪官污吏、骄奢淫逸之徒都十分害怕。有的自知难逃其咎，便主动提出辞职弃官而去；有的奔往远方的亲友处暂避风险；有的收敛往日作威作福的官架子；有权势的大户人家的大门本来是赤红色的，现在听说海瑞要来了，赶紧把赤红色的大门漆成黑色；有一个监督江南织造的宦官，立即减少了抬轿和侍从的人役，即把出入乘八抬大轿改成四个肩舆。

海瑞在江苏实地考察，发现往日物产丰盈的鱼米之乡，如今却鱼不

多、米粮不足,历史名城苏州也没有新气象。这一年又发生了水灾,滔滔的洪水把苏、松、常、杭、嘉、湖六府沿太湖的田地冲毁,冲塌了许多房屋和少数的桥梁,百姓流离失所,苦不堪言。

海瑞面对如此艰难困境,锐意兴革,重整田地,建设家园,上疏朝廷请求立即浚通吴淞江和白茆河的河、江出入口,引水流入海,旱涝有备,让百姓受益,让朝廷安心。

治理水患与救灾抚贫必须结合起来。海瑞赶赴苏州时,由于大水肆虐,不少河道几乎被洪水漫到桥面上,他乘坐的官船到了关帝庙已无法前进。海瑞下船改乘便轿,傍晚才进到苏州城里。海瑞吩咐早已等候接他的文武官员赶快回到各自府县去，救灾抚民，并严令今后不许摆队迎来送往。

海瑞早在京城时就耳闻龙宗武、张顶棣有治洪理水的才干，便请他俩来商议治水防涝的规划。

龙宗武是苏州府推官，张顶棣是上海县知县。他俩在此次洪水泛滥之前，多次向上司提出建议，无奈各级官员均不理睬，因此心中郁闷，才干也无处施展。现在看到海瑞是忧国爱民的大清官，果然名不虚传，内心无限喜悦，便把多年的愿望、治水的方案都说给海瑞听。海瑞听后兴奋地表示，"一定要根治水患，既要有信心，又要有良策。你们俩位人熟地悉，治水防涝方案成竹在胸，看来此次治理水患必

能成功"。海瑞向他俩推荐《三吴水利录》一书（水利专家归有先著），借鉴三吴治水的经验，首要清理和疏通太湖入海河道。最后，商量确定动员人力、物力、财力，全面开通苏州河。

疏通河道，抗灾救民，都离不开财政支付与经费来源。海瑞提出"统筹集结"的方略，即中央朝廷拨款、地方筹资、节省额外开销、以工贷赈等办法。其中节省额外开销，指的是裁减来来往往各级官员的供应与宴请招待（含赠金送银或地方土特产）等方面的费用。

海瑞心知肚明，上述举措必然损伤官僚的切身利益，但他认为："今日今事，必以民生为先，只要百姓衣、食、住安生得过，其他的都顾不了。"

海瑞的建议很快得到了朝廷的恩准，认为海瑞治水疏通河道之举切实可行。为解民生之涂炭，皇上恩准下臣的奏章，赐海瑞所辖十府等地，治河水利即可速行。

圣旨下达各州府，疏浚工程立即动工。海瑞废寝忘食，日夜亲赴现场，或查验土、石、木料数量与质量，或奖赏开工通河勤勉有功人员，或惩戒贪污腐败之人，工程进展有序，仅用了两个月的时间，历来难以疏通的，苏州河通畅了，淤

积的泥沙被清除，多月的积水倾泻出去了，被洪水淹没的田地裸露出来，补种的菜蔬和五谷杂粮的种子补种齐全了。苏州河，多年的泛滥之河，如今就要变成希望之河了。

继疏通苏州河之后，白茆河的疏理通顺工程也提前竣工，在近期内基本解除水患之难。事实胜于雄辩，海瑞治水有方有目共睹，就连反对他的官员们也不得不承认："敢骂皇上的人就是有能耐，连年水灾到底在他的统筹下解决了，万世之功非他莫属了。"

治理水灾以疏通河道，灾民住有居所，补种庄稼成功，生活秩序稳定，这都是战胜自然灾害的重要标志。

海瑞就任应天巡抚，解决水灾问题后，接踵而来的就是清理诉讼案件。海瑞历来憎恶地主、富豪、高官人家兼并贫苦农民的土地田产，所以他尽心尽力地摧毁豪强、恶霸的势力，体恤贫弱民众。

有一道难题摆在海瑞眼前，那就是徐家侵夺田产案件怎么处理。徐家，指的是明朝元老、内阁首辅徐阶。原来，海瑞在审理公案的时候，发现他管辖的苏州、松江府范围内，有不少控告信揭发检举徐家违背法纪，侵夺良田至今未归，影响很坏。

例如，苏州护龙街古玩铺商人陆曾状告徐家仗势欺诈，购买国画不付银两。徐家的家人到陆曾的古玩铺看中了一幅宋代山水画，不付银两不说，还谎称山水画是赝品，并买通吴县县衙，将陆曾痛打四十大板，最终将山水画据为己有。

第二宗案子是太湖东洞庭山农民王六保等多人，状告徐阶的三儿子徐琼骑着高头大马飞奔乡里，践踏茶树树苗数百棵，并把茶树主人王朱氏撞成重伤。王朱氏把徐琼告到县衙，徐琼听说之后不仅不赔偿损失，反而唆使家丁威胁王朱氏，使王朱氏伤势加重。

第三宗案子是华亭县的贫苦农民联名状告徐阶的弟弟徐陟以及二公子、三公子强占、掠夺良田。累积起来有数十万亩。还有七、八份状子都牵涉到徐家，直接与霸占田产有关。

案卷阅毕，海瑞内心很不平静，充满了惊讶、疑虑、沉重等复杂的思想情感。惊讶的是，徐阶的弟弟徐陟，嘉靖二十六年（1547年）身为进士，官至南京刑部侍郎；徐阶的儿子徐璠、徐琨等都是朝廷的官员；

还有徐阶的亲戚孙元春，进士，亦官太常卿，后升官左都督。像这样权势显贵的大家族，居然欺压人民百姓，委实令人吃惊。海瑞疑虑的是，徐阶官居一

人之下万人之上，从22岁成进士起步入仕途四十余年，口碑颇佳。尤其是在嘉靖年间，奸臣严嵩、严世蕃父子擅权当道，厚颜昏庸，朝臣被迫害致死者很多，人人噤若寒蝉，面对如此情形，徐阶谨慎以待，韬光养晦，终将严氏父子拉下马，为朝廷除了一个大害。另外，徐阶是自己的大恩人，没有徐阶，海瑞早就命丧九泉了。古人云："滴水之恩当涌泉相报。"万一众人状告徐家诸多罪状属实，我该不该秉公决断？

更是海瑞心情沉重的是，地主、豪强、达官贵人大肆侵占良田，备受欺凌的民众向上申诉，反遭州县官衙的迫害，民

怨越积越深，矛盾激化后会由经济问题转为明朝的政治危机，后果是不堪设想的。

正确的决定来自正确的判断，正确的判断必须依靠正确的调查研究。海瑞决定亲自查清徐家的问题，特到松江府华亭县去实地了解情况。海瑞乘轿来到徐府，徐阶率其弟与众子侄在大门外数十步远处相迎。海瑞进大厅后，以晚辈身份和诚恳之态，向徐阶深表对当年救命之恩与提拔之情的感激，然后说道："晚生的知恩图报与众不同，想学古人冯谖市义之举，请徐阁老谅解。"

"冯谖客孟尝君"的故事源自春秋战国时代，齐国公子孟尝君有一食客叫冯谖，受孟尝君委托到薛地去收债。他把债券收齐后当众烧掉，只身返回对孟尝君说："对不起，我以你的名义把别人欠你的债券全不要了，而买回了'义'。"后来，齐国政局突变，齐王把孟尝君赶到薛地，薛地的人民百姓因感谢孟尝君不收大家的欠债的情谊，都争先恐后地迎接他。

徐阶闻言，明白了他的来意，问："刚峰老弟真要学冯谖义市吗？"海瑞直截了当地回答："正是！您老位极人臣，享有盛誉，今年逾古稀，又享天伦之乐，福寿俱在，就是缺失一个'义'字，您老能否补得这个'义'字？"

徐阶稍后问："刚峰老弟你就直言明事吧。"海瑞毫不客气地提出要求：首先请您老大义灭亲，把欺诈商人、贫民的您的儿子、侄儿以及家人、亲友，以"负荆请罪"的方式送到州府县衙，听候宽大审理。

其次，请阁老您告诫

子孙，今后不准以任何强权势力，特别是
不许以您的身份、威望招摇撞骗，更不许
对告状的人家打击报复。

最后，请阁老您速行仁义，主动把徐
家三四十年来侵占他人的四十万亩民田、

良地归还给原主，并向人家赔罪，以求宽恕。

徐阶听到这三项要求，感到很意外，一下子难以接受。他在隆庆二年（1568年）深秋时节辞官回籍，时年65岁。他的辞官回籍也属无奈之举，他提出的改革时弊、裁减冗员冗官、整饬朝纲和严肃吏制这五个主张直接危害了王公大臣和地方官僚的切身利益，遭到非议不说，连给事中张齐这样品级不高的言官也敢上疏弹劾他，而当朝皇帝明穆宗则无所表示，他由此辞官回乡。在他辞官回乡之前，其子侄等人就已经做出了违法乱纪的事，等他回乡之后也确实做了一些规劝，但侵占的良田确实已无法归还。

拜访交谈临近结束时，徐阶有个表

态，他说："老朽在京为官数十年，不问家事，如果是刚峰老弟列举徐家有不法的事，我会处置，照老弟之言办理。"

事后，徐阶以一家之长为尊，吩咐子侄、总管、账房先生，立即着手清查，做好退回侵占民田的准备工作。

海瑞指令松江府兵备副使蔡国熙和松江府的几位官员驻扎在徐府，厉行监督退田之事。半个月后，徐家把四十万亩良田全部退归给原主，喜得归田的农

民们拍手称快，齐声歌颂"海青天"。

海瑞见徐家回归农民良田，徐阶依然值得信赖，便派人把告状的状子送到徐府请阁老大人过目，徐阶看过八份状子之后，自省自责，遂将其弟徐陟、二儿子、三儿子捆绑送往松江府，请求府衙按主动投案自首予以宽判。

徐阶退田四十万亩，亲将其弟和两个儿子送往官府问罪的消息不胫而走，应天十府的一些地方官也把侵吞农民的田地主动退归原主。海瑞不徇私情、大公无私的名声更是远扬四面八方。

徐阶家退田于民的实际效果带有辐射或者说是冲击波的效应，但另有狡诈之人乘机告发地主、豪绅的隐私，从而取得海瑞的信任，掩盖自己的恶行劣迹。仅举一例为证：苏州府有一个暴发户，人称

"滚刀肉"，依靠坑蒙拐骗等手段，诈取他人之财而发家，还掠夺贫民的田产数千亩，占为己有。当他看到海瑞派人挨家逐户地清丈土地田产，核算赋税有无弄虚作假现象的时候，唯恐自己暴露，便使用恶人先告状的骗术，揭发检举原任苏州知府李必先，告李知府仗势欺人，豪夺贫农田产一万余亩，至今隐瞒不报。

海瑞选派一些官员去李必先家查验、核对，果然有侵占民田之事，海瑞一怒之下，逮捕了李必先，并判一万亩田产归还原主。事后，李家不服，认为海瑞断案不公，擅自将原任苏州知府李必先投入狱中的做法不妥当，因而多次上告朝廷。

毋庸讳言，海瑞在惩处李先生隐瞒

田产的案件确中有纰漏之处，特别是对狡诈之徒的诡计缺乏防备，因而给反对他的人留下了口实。

给事中戴凤翔向明穆宗上疏，弹劾海瑞包庇像"滚刀肉"那样的奸诈歹徒，猎取名誉地位而败坏朝政。另一位朝廷言官给事中舒化，继戴凤翔之后上疏弹劾海瑞"为官迟滞又不明白政体"，不能胜任江苏巡抚职务，建议朝廷只安置海瑞一个清闲官职为妥。

一时间，海瑞成了攻讦者的众矢之

的。数月后，明穆宗下旨海瑞任督南京粮储。在他将要赴南京上任时，又遭到宿敌高拱的打击报复。穆宗继承皇位后召回高拱，命他吏部主管。高拱和海瑞结怨颇深，高拱对隆庆元年（1567年）御史齐康弹劾徐阶案中的海瑞支持徐阶的言论，一直怀恨在心。将海瑞的督南京粮储职务合并到户部，而督粮储之职已有人兼管，即使海瑞到任，也只是编外的闲差。海瑞于是称病辞官，返回家乡。世道的险恶，政敌居心叵测的报复，使海瑞不禁慨言愤叹："余垂成中止，奈之何！奈之何！"

然而，值得欣慰的是海瑞任应天巡抚，造福三吴，虽不到半年就被免职，但百姓听说他即将离去，纷纷哭声载道，有的人家还绘制了他的画像纪念他。

人们纪念他，成功治理了吴淞江、白茆河，在一个时期内消除了水患。

人们纪念他，逼乡官如数退田，实行均田均税，减轻了农民的负担，从此过上了安定的生活。

人们纪念他，不惧邪恶势力，刚直不阿，对横行霸道的徐璠、徐琨、徐瑛兄弟三人依法判罪（徐璠、徐琨充军，徐瑛革职为民），让人民百姓扬眉吐气。

七、晚年召用，一生清廉

海瑞于隆庆四年（1570年）上《告养病疏》，被获准辞官，返回家乡。

海瑞从应天回到海南岛的琼山，开始了清苦的闲居生活。当然，他的心情是苦闷的，因为他的兴利除弊的改革刚刚初见成效，便遇到各种阻力，更得不到皇帝的支持，不能施展抱负，难免心烦意乱。海瑞在浙江、江西、北京、南京、苏州等地为官数十年，却从来没有添置过田产。

此次回籍仍然靠祖上遗留下来的十几亩田地度日，身边也只有年已古稀的老母亲和侍妾（妻子王氏病故），相依为命，生活清贫恬淡。

解职回乡的海瑞，很少与他人来往。

他对老母谢氏十分孝顺，感激其丧夫后抚己成才立业的养育之恩。据传，他早在南平县任教谕时，就把母亲接到任上一起生活，因为母亲从28岁开始守寡，勤俭持家，这给海瑞留下深刻印象。海瑞在淳安任知县时，有一天自己亲自买了二斤肉，人们都很奇怪，海知县今天是怎么了？他平日连半斤肉都舍

不得买呀！后来人们才知
道，买二斤肉是为母亲过
生日。这件事传了出去，被
浙江总督胡宗宪所知，做
笑话一传再传，胡宗宪认
为海瑞堂堂七品知县，日
子过得太寒酸。

　　知县的母亲过生日，
发请柬、办酒席、祝福老
人家健康长寿，这在过去
可以说是司空见惯的事，
知县本人亦可乘机发上一
笔或大或小的钱财，这也是买官卖官的
一个机遇。可是，海瑞只给母亲买了二斤
肉，还被权贵豪吏者讥笑传闻，真是令人
慨叹。

　　海瑞的俭朴是世人皆知的，他的官
服只有上朝理事或者有重大拜见活动时
才穿，并且多年不易；有一次进京述职穿
的是五年前的旧袍，吏部众多官员都为之

感动。海瑞的靴子多年不更换，破了之后找鞋匠修补，受到居民普遍赞扬。

明朝官员的俸禄，同唐宋等朝代相比是偏低的，应酬官场上的礼尚往来需要一笔资金，这笔资金从哪里来？一般地说，州府、县皆从税收或向民众摊派中攫取。海瑞没向老百姓伸手，也没从税收中提取，而是首先减免迎来送往方面的支出。除此之外，他还自己动手创造财富。他曾利用业余时间开垦菜园，用勤劳的双手创造财富，以弥补财力上的不足，这种自力更生，艰苦奋斗的作风，在中国古代官员中是罕见的。

海瑞有"海青天"等称谓，这是人们赞颂他严惩贪官污吏、平反昭雪冤假错案的刚毅风骨。海瑞又有"爱民如子"和"老百姓的父母官"等称呼，是指他为官一日就尽职尽责一天，想方设法为百姓谋求利益，因此深受百姓的爱戴。他每到一地都要派出官员丈量当地土地，然后根据土地的多少确定赋税徭役的高低，从而防止了土地多而赋役少的严重弊病，此举一是减轻了农民的负担，二是控制了土地兼并继续蔓延的势态，三是缓和了阶级矛盾，达到了一举三得的效果。

早在海瑞辞职返乡之前，有人告诉他："琼州一带（在广东海南岛澄迈以东，会乐以北）有人借您的名义放债买田。"海瑞听后立即写信给琼州知府，信中说："生自为官以来，俸余所入，仅仅足用，余无分文可债可贷，田业止祖余量一石二斗，外来增一亩一升，有以

祖传的10余亩田里出，连温饱都谈不上。

在中国封建社会，发展农业生产至为关键，而发展农业生产离不开兴修水利。海瑞对水利事业极为重视，他在任应天巡抚期间，经实地考察，弄清楚了江苏的吴淞江泄太湖之水，原来沿江田亩都靠这条江水灌溉。年长月久，又不修治，江岸堤防被潮水冲刷腐蚀，造成通道淤堵，每遇狂风暴雨即成水灾，大片田地被淹没，水害连连。海瑞组织府衙官员，发动组织群众，赈济饥民，用工代赈，仅用了56天时间疏通吴淞江，又用30天时间疏浚白茆河，变水害为水利。

"要开吴淞江，除是海龙王。"这是流传于江南民间的两句话，意思是治理吴淞江水患根本没有指望。当时的民众认为，开河通口是朝廷绝不会做的一项大工程，即使做了也得要老百姓出钱。原本做梦都梦不到的好事，如今竟在海瑞大人率领下，美梦成真了。河修好了，老百姓一个子儿也没花。

自从海瑞辞职还乡之后，虽有朝中正义官员多次替他鸣不平，保荐他重新任职，但是，权倾朝野

的张居正于1572年出任内阁首辅（相当于丞相）执掌国事，后惮于海瑞的孤峭刚直，曾派巡按御史梁云龙去查访海瑞。梁云龙来到琼山探视，海瑞高兴地杀了鸡、煮了玉米款待来客，梁云龙环顾房舍，仅有竹桌、竹椅，冷落凄切，满目萧然，叹息而归。

海瑞由于没有俸金收入，生活不济，只好经常替人书写应酬文章，现留有《赠史方斋升浙藩大参序》《赠李太守母七十寿诞序》《贺屈之礼生子序》等十余篇墨迹存世。这些情况，印证了海瑞晚年在琼山茅舍生活的拮据，不得不以笔墨之劳获取薄酬，缓解生计之不足的窘境。

海瑞虽然在家乡过着简朴的日子，但心念国事民情，有些地方官员仰慕他的人品，常常写信询问有关政事，海瑞一一复信作答。留存至今的有《奉分巡道唐敬亭》《复唐敬亭》等真迹。信中内容涉及如何清丈田地、平均赋役等问题。还有

《启殷石汀（正茂）两广军门》等多封书信，建议要防范倭寇，并提出策略方法。他论述国事，仍然直言不讳，对官军不能平寇、官吏不能抚民的现状，非常愤恨。

万历十年（1582年）张居正因病故去。不少官员向明神宗上疏告发张居正贪赃枉法，张家财产被抄，封爵被剥，被张居正排挤打击的官吏被神宗重新启用，其中就有海瑞。

万历十三年（1885年）的正月初十，朝

　　廷任命海瑞为南京都察院右佥都御史，后来又改为南京吏部右侍郎，（明朝自永乐皇帝迁都北京，仍在南京保留中央政府组织，和北京同时设有吏、户、礼、兵、刑、工六部，分管各有关政务。各部长官叫做尚书，副长官叫做侍郎）这时海瑞已经72岁了。年纪虽长，可他的刚毅廉洁的作风仍不减当年。

　　同年2月20日，海瑞怀揣圣旨，在家人海安的陪护下前往南京（应天）上任。一路上，为避免沿路官府的应酬客套，"琼山海府"的灯笼没有悬挂，他身穿青衣，头戴小帽，但神态依然精神抖擞。他曾对人说道："主上有特达之知，臣子不可无特之报，奚取焉！"

海瑞上任伊始发出布告：严禁向新任官员馈赠礼，严禁接风宴请。在朝廷做官和在家不一样，各级衙都均该前来祝贺送礼；"此酬彼答，费精劳神，挥霍钱财，殊为虚伪"。海瑞率先垂范，把已经送来的贺礼一律送回，这样一来就再没有人敢来送礼赠银了。

海瑞发出的第二个布告：严厉禁止在京各衙门以各种事由向百姓摊派物品或银两；除

了原先规定的必要的供应之外，一分一文不准多取，否则严惩不贷。

明朝中后期的吏制严重败坏，贪污、贿赂成风；官吏搜刮百姓的现象非常普遍，正如著名政治思想家黄宗羲所说："二百余年，天下金银纲运至于燕都，如水赴壑。"海瑞对这些腐朽和东西深恶痛绝，为此，他发布了第三个告示：

"本臣倘若不为民不为公而随心所欲地乱用滥支府库银粮，各州县可鸣鼓攻之，自己决不自赦。"

在发布公告期间，海瑞与房寰之争引起轩然大波。房寰系朝廷提学御史，他反对海瑞提出仿效明太祖朱元璋惩办贪官的法律，即洪武三十年（1397年）对贪官枉尘者剥皮囊草以及贪赃八十贯论绞的律法。他诬告海瑞本是一介寒士，却以圣人自诩；"清平之世，创闻此不祥不语"，他还挑拨皇帝朱翊钧与海瑞的关系，让海瑞失去了朝廷的信任。

值得注意的是，皇帝朱翊钧对如此大事大非的问题，以"是非自有公论"为由来了个无加可否的表态，助长了房寰的气焰。海瑞上书力驳房寰，揭露其多种劣迹，使房寰狼狈不堪。

万历十五年（1587年）十月十四日，在这个风雨交加的秋夜，海瑞因病诀别了人间尘世，逝于任上，享年73岁。

临终前三天，兵部官员送来的柴薪费多出了七钱银子，海瑞命令家人如数退回。海瑞弥留之际，守护在他身边的除了家人海安之外，还有南京金都御史王用汲等人。

海瑞病故与心情抑郁有关，海房之争越演越烈，一批有正义感的进士，如顾允、诚彭遵古等都拥护海瑞严惩贪官的主张，但被皇帝朱翊钧以进士不该"多言多语"为由逐出京城，由此可见皇上是偏袒房寰的。海瑞申请告老还乡，皇上又不应准，加上年迈体弱，海瑞一病不起。

海瑞已殁，王用汲负责清理他的家产，有余银十几两，有葛布制做的帐幕和已破旧的竹制用具，还有多次修补过的衣衫，王用汲看过之后不禁落泪，并凑钱为海瑞办理了丧事：南京的缙绅同情海瑞，南京的市民怀念海瑞，护送海瑞遗体归葬的船只出现在江面的时候，两岸上的群众身披白布，眼含热泪，手捧祭酒向海瑞遗体告别。

"号泣如朝考妣，倾城皆至舟次，罢

市数日。"（《金陵锁事》卷2）人民百姓感恩戴德，争相为其作画、立像、筑祠，甚至街谈巷谈："相传公已为神。"

上述记载、传说，反映了人们对海瑞当政为民功绩的赞许，反映了人们对他的深切怀念，反映了人们对他的崇敬。

当朝皇帝明神宗朱翊钧自知愧对海瑞，连忙下达圣旨给江南督抚，要厚葬海瑞，并加封太子少保，谥忠介。

八、名扬四海，千古流芳

"我们从十几岁时，就闻听海瑞的美名，认为是当代的伟人，永远为人敬仰，这是任何人都及不上的。"这是三位年轻的进士，在万历十四年（1586年）说过的话。海瑞去世的前一年，被人诬告，进士顾允成、彭遵古、诸寿贤三人替海瑞辩诬申救而写的文章中有类似的话，可看作当时青年人对海瑞的普遍评价。

"海刚峰不怕死，不要钱，不吐刚茹

柔，真是铮铮一汉子。"这是《四友斋丛说》第13卷中对海瑞一生的评价。海瑞冒死上疏的刚直不阿的精神，一世为官克己奉公的高贵品质，得到了人民群众的拥护和爱戴。

披鳞直夺比干心，苦节还同孤竹清。

尤隐海天云万里，鹤归华表月三更。

萧条棺外无余物，冷落灵前有草根。

说与旁人浑不信，山人亲见泪如倾。

这是明代苏州人朱良写的歌颂海瑞的诗。朱良亲眼目睹海瑞去逝后的所谓遗产："竹笼一只，内有俸余八两，旧衣数件而已。"如此简朴的遗物，居然是官居朝廷正三品的高官的全部财产，连发丧买棺木的钱都是同乡好友苏民怀和一些士大夫凑集的，令人感慨万分。朱良担心后人不相信世上还有这样的事，才挥毫写下这首诗以作凭证。